NOTICE

SUR

LES DERNIERS MOMENTS

DE

NAPOLÉON IER

Par l'Abbé C. DE PIÉTRI, Aumônier du Sénat.

... Propager dans toutes les parties du monde, aujourd'hui barbares et incultes, les bienfaits du Christianisme et de la civilisation.

(NAPOLÉON.)

Prix 20 c.

LÉON FONTAINE, LIBRAIRE-ÉDITEUR, RUE DE SEINE, 35, A PARIS.

1867

NOTICE

SUR

LES DERNIERS MOMENTS

DE

NAPOLÉON Ier

Par l'Abbé E. DE PIÉTRI, Aumônier du Sénat.

... Propager dans toutes les parties du monde, aujourd'hui barbares et incultes, les bienfaits du Christianisme et de la civilisation.

(NAPOLÉON.

Prix : 20 c.

LÉON FONTAINE, LIBRAIRE-ÉDITEUR, RUE DE SEINE, 55, A PARIS.

1867

AUX LECTEURS

On connaît sans doute assez généralement la vie de Napoléon Ier, à laquelle s'attache une éclatante renommée, et qui intéressera à jamais les générations futures. Mais ce que l'on ignore peut-être, ou du moins ce que l'on ne connaît que vaguement, ce sont les sentiments de ce grand homme touchant la Religion, et la manière dont il a voulu sortir de ce monde. Ayant recueilli à cet égard des témoignages irrécusables, nous les reproduisons ici fidèlement, par respect pour la vérité. C'est aussi dans le même intérêt que nous y joignons quelques observations qui ont leur fondement dans la Révélation chrétienne.

Les réflexions suivantes sont de Napoléon lui-même ; elles serviront de préparation à ce que l'on va lire sur ses derniers moments.

« Les jeunes gens ne croient pas, pour la plupart; mais, en vieillissant, tous les hommes deviennent dévots, à de rares exceptions près. On dit à cela : c'est que, quand le corps s'affaiblit, la raison perd de sa force. On a tort. On devrait dire : la croyance vient avec l'étude, avec la méditation sur les merveilles de la création ; il faut avoir étudié l'œuvre de Dieu pour en comprendre l'immensité ; la jeunesse jouit sans réflexion. » (*Récits de la Captivité*, MONTHOLON.)

LES DERNIERS MOMENTS

DE

NAPOLÉON Ier

Il ne s'agit ici que des derniers moments de Napoléon, et encore de ses derniers moments au point de vue religieux.

Napoléon, conquérant, législateur, fondateur de la quatrième dynastie en France, a-t-il tenu, au moment suprême où finissent les mystères de la naissance et de la vie, et où commencent ceux de la mort, à sortir de ce monde en chrétien ? Ses pensées, ses paroles et ses actions ont-elles été celles d'un enfant docile et soumis de l'Eglise dans le sein de laquelle il était né ? C'est de quoi nous avons voulu avoir une idée nette et précise que nous espérons faire partager à nos lecteurs. Car, non content de connaître ce qui a été publié à cet égard par des écrivains célèbres, tels que les Chateaubriand, les Thiers, etc., nous avons pris soin de remonter aux sources incontestables, et de lire avec attention la relation des témoins de sa captivité. C'est dire assez que ce que l'on va entendre, c'est la parole même de Napoléon rapportée fidèlement non-seulement par les Las Cases, les O'Méara et les Gourgaud, mais encore par les Bertrand, les Antommarchi et les Montholon, qui n'ont quitté l'île de Sainte-Hélène qu'après sa mort.

Cependant avant de montrer comment cet homme, qui a rempli le monde de son nom, a voulu accomplir le dernier acte de la vie, qui est toujours sanglant, dit Pascal, quelque belle que soit la comédie, mais qui n'est, aux yeux du chrétien, que l'acquittement d'une dette, et le moyen de jouir de l'immortalité, nous sommes bien aise de le faire reparaître un instant dans ses causeries sur la religion, qui ont dû laisser, dans l'esprit de bien des gens, quelque incertitude sur sa mort vraiment chrétienne.

On verra que c'est seulement à l'insuffisance de la science théologique, qu'il ne possédait pas au même degré que la science gouvernementale, administrative et militaire, que l'on doit attribuer les doutes qu'il a eus en matière de religion avant ses derniers jours.

I

Nous devons faire remarquer que ce grand homme n'a jamais nié l'existence de Dieu ; qu'il s'est plu, au contraire, à déclarer plus d'une fois que tout la proclame : « L'honnête homme, disait-il, ne doute jamais de l'existence de Dieu, car si sa raison ne suffit pas pour la comprendre, l'instinct de l'âme l'adopte. » (*Récits de la Captivité.*)

Il est vrai qu'un jour O'Méara s'étant permis de demander à Napoléon s'il croyait à la fatalité, ce qui implique la négation de la Providence divine, et même de notre libre arbitre et de notre solidarité, il avait répondu qu'il y croyait autant que les Turcs. Mais ce qui ne l'est pas moins, c'est que dans une autre occasion, il avait été soigneux de réfuter les Turcs eux-mêmes : « Ces patrons du fatalisme, avait-il dit, n'en sont pas persuadés, autrement il n'y aurait plus de médecins chez eux, et celui qui occupe un troisième étage ne se donnerait pas la peine de descendre longuement les escaliers, il descendrait tout de suite par la fenêtre, et vous voyez dans quelle foule d'absurdités cela conduit, etc., etc. » (*Mémorial de Sainte-Hélène*, Las Cases.)

Pour venir maintenant aux passages relatifs à la religion, en voici un qui prouve que le triomphe de la foi chrétienne eût été manifeste en Napoléon, dès l'âge de treize ans, s'il en avait eu la science complète : « L'homme, disait-il, lancé dans la vie se demande d'où viens-je? Qui suis-je? Où vais-je ? Ce sont ces questions mystérieuses si difficiles à résoudre, qui nous portent vers la religion; l'instruction nous arrête. L'histoire, voilà l'ennemi de la religion; car elle éveille le doute dans notre âme. » (*Récits de la captivité.*)

« Pourquoi notre religion n'avait-elle pas toujours existé? Pourquoi était-elle exclusive? » (*Mémorial de Sainte-Hélène.*)

« Quand je voulais convaincre l'un d'eux (il est question des savants naturalistes), il me disait : je croirais, si la religion existait depuis que le monde existe. A cela je n'avais rien à répondre comme croyance en Jésus-Christ. » (*Récits*, etc.)

Il n'est pas hors de propos de faire remarquer ici que l'on peut répondre, surtout à la lumière de l'histoire sacrée, que si le christianisme réalisé ne date, il est vrai, que de la venue de Jésus-Christ et la publication de son Évangile, il existe néanmoins, quant à son essence, depuis l'origine du monde. Il subsiste dans la religion mosaïque, qui n'était qu'en attendant ce Messie, et dans toutes les autres religions qui ont conservé les dogmes de la déchéance et de la médiation plus ou moins altérés, plus ou moins transformés, comme on peut le voir par la pratique de leurs expiations et de leurs sacrifices, et par les célébrations de leurs mystères.

Quant au prétendu reproche que l'on fait à la religion chrétienne d'être une religion exclusive, intolérante même, pour la doctrine s'entend, on y répond péremptoirement en disant, qu'étant en matière de foi, la vérité, l'ordre, la lumière et la vie, elle se trouve par là même essentiellement contraire à l'erreur, au désordre, aux vices et aux ténèbres.

Le second passage que l'on va lire fait assez voir encore que Napoléon se trompait de la meilleure foi sur la naissance du christianisme et sur son établissement dans le monde.

« La religion chrétienne, disait-il encore,

est née dans les écoles grecques; elle est le triomphe des Socrate, des Platon, des Aristote sur les Flaminius, les Scipion, les Paul Émile...

« Cette religion s'est propagée, insinuée comme une doctrine qui captive, persuade, et dont rien ne peut arrêter la marche. » (*Mémoires par Bertrand.*)

« La religion chrétienne a été trois ou quatre siècles à s'établir, ses progrès ont été lents. Il faut du temps pour détruire, par la seule influence de la parole, une religion consacrée par les siècles. Il en faut davantage quand la nouvelle ne sert et n'allume aucune passion... L'abus du polythéisme rallia à l'idée d'un seul Dieu créateur et maître de l'univers. Socrate avait déjà proclamé cette grande vérité : Le triomphe du christianisme, qui la lui emprunta, fut, comme nous l'avons dit plus haut, une réaction des philosophes de la Grèce sur leurs conquérants. » (*Mémoires par Gourgaud.*)

Avant que de passer à un troisième passage, il faut répondre ici, comme notre sujet le demande, que le christianisme a pris naissance non à Alexandrie mais dans la ville de Jérusalem, où se trouvaient réunis la mère de Jésus, les apôtres et quelques autres disciples; que de Jérusalem il s'est répandu miraculeusement par toute la terre en moins de trois siècles, et malgré les persécutions des empereurs romains et la fureur du monde païen; et que ce n'est pas à Socrate et à ses disciples mais aux Hébreux et aux chrétiens, éclairés de la lumière d'en haut, que le monde civilisé doit la notion, l'idée d'un Dieu infini et parfait, qui a tout fait par sa volonté, sans avoir besoin d'une matière éternelle et existante par elle-même que lui ont prêtée bénévolement tous les philosophes de l'antiquité.

Pour ne rien dissimuler, voici un dernier passage qui prête encore le flanc à la critique, mais qui montre du moins combien Napoléon était logique en s'exprimant comme il l'a fait.

« Il y a tant de religions différentes ou de modifications dans la religion, disait-il à O'Méara, qu'il est difficile de savoir laquelle choisir. Si une religion avait existé dès le commencement du monde, je la croirais la véritable. Mais dans l'état où sont les choses, je pense que chacun doit conserver la religion de ses pères. Qui êtes-vous ? Protestant, lui dis-je. — Votre père l'était aussi ?

— Oui. — Eh bien, continuez de vivre dans cette communion. » (*Napoléon dans l'exil*, etc.)

Voilà qui est parler d'or si l'on est pleinement convaincu que la religion de ses pères est la véritable ou du moins la meilleure de toutes celles qui existent dans le monde. Mais pour peu que l'on doute, il faut s'éclaircir de son mieux, et si l'on reconnaît qu'elle n'a pas le caractère de la vérité, la quitter, et embrasser celle que l'on croit, en son âme et conscience, venir de Dieu. Autrement on devrait en conclure que l'idolâtre doit rester idolâtre, le juif dans la loi de Moïse, etc.; et l'on voit, pour employer les propres expressions de Napoléon, à quelle foule d'absurdités cela conduit.

Mais continuons, et, malgré ces erreurs involontaires, voyons quels étaient les sentiments du grand homme sur la religion en général, et particulièrement sur la religion catholique dans le sein de laquelle il a voulu mourir.

II

Napoléon, avons-nous dit, croyait à la Divinité, ou, pour parler plus exactement, à un Dieu suprême, créateur, ordonnateur, unique. Or, comme le propre de la religion est de nous unir à ce premier être, il avait compris de bonne heure que c'est à la religion à diriger l'homme intérieur, la partie de l'homme qui doit subsister après cette vie. Il avait compris également que c'est sur ce fondement, sur ce principe, d'où découle la morale, qui s'évanouirait en fumée, si on l'en séparait, que doit reposer l'édifice social. Voici comme il en parlait :

« La religion était à mes yeux l'appui « de la bonne morale, des vrais principes, « des bonnes mœurs. Et puis, l'inquiétude « de l'homme est telle qu'il lui faut ce vague « et ce merveilleux qu'elle lui présente. « Il vaut mieux qu'il le prenne là que d'aller « le chercher chez les fripons. » (*Mémorial.*)

« Au fait, la religion, c'est le repos de l'âme, c'est l'espérance, c'est l'ancre de sauvetage du malheureux. » (*Récits de la captivité.*) « Lorsque je reçus le pouvoir suprême, mes idées étaient arrêtées sur les grands éléments du corps social. Je reconnus toute l'importance de la religion, je résolus de la rétablir. » (*Ibid.*)

On voit qu'il s'agit du catholicisme, qui avait sa préférence ; il va en donner la raison :

« La religion chrétienne est celle d'un peuple très-civilisé. Elle élève l'homme ; elle proclame la supériorité de l'esprit sur la matière, de l'âme sur le corps. » (*Mémoires par Bertrand.*)

« Dans cette religion, tout est pour amortir les sens, rien pour les exciter. » (*Mémoires par Gourgaud.*)

« J'aime la religion catholique, parce qu'elle parle à mon âme, parce que, quand je prie, elle met en action tout mon être, tandis que la religion protestante ne parle qu'à ma raison. » (*Récits de la captivité.*)

« Comme premier consul, j'ai relevé les autels du Christ. Pour cela, j'ai dû vaincre de grandes résistances.... Mais je tenais à la religion de mon enfance.... D'ailleurs, en relevant les autels de la religion catholique, j'assurais ma prépondérance à Rome et dans toute l'Italie. » (*Ibid.*)

On demandera, pourquoi dès lors a-t-il eu des démêlés avec le premier représentant de cette religion dont il était le restaurateur ? Pourquoi sa détention et la réunion de ses États à la France?

Sur cela, il est bon d'entendre d'abord Napoléon lui-même. « Jamais, a-t-il dit, les querelles entre mon cabinet et le Saint-Siége n'ont eu pour cause une question religieuse. Elles furent toutes politiques, et datent de 1805, époque à laquelle les escadres de la coalition menaçaient les côtes d'Italie d'un débarquement anglo-russe. » (*Récits de la captivité.*)

« Quand je voulais avoir le pape à Paris, c'était pour donner à la religion catholique tout l'éclat de ma puissance. » (*Ibid.*)

« Paris fût devenu la capitale du monde chrétien, et j'aurais dirigé le monde religieux ainsi que le monde politique. C'était un moyen de plus de resserrer toutes les parties fédératives de l'empire, et de contenir tout ce qui demeurait en dehors. » (*Mémorial.*)

Eh bien, c'était là, il faut bien le dire, avant d'aller plus loin, une pensée malheureuse, puisque la direction du monde social tout entier ne pouvait appartenir à Napoléon, comme elle avait appartenu, dans les temps anciens, aux hommes de sa trempe, qui furent les instituteurs des religions; mais qui, dans les temps modernes, doivent se borner à en être les protecteurs, alors surtout qu'il ne peut plus être question que du christianisme, qui est la vraie religion du genre humain; tandis que toutes les autres n'en étaient et n'en sont encore aujourd'hui que l'exclusion.

Il nous reste à considérer comment l'achèvement de la vie de ce grand homme est venu justifier ses sentiments religieux et chrétiens

III

Napoléon avait trop de sagesse dans l'esprit pour ne pas aller lui-même au devant de tout ce que prescrit le christianisme qui, comme tout le monde le sait, n'est pas une vaine spéculation, mais une connaissance qui tend à la pratique et à l'action.

D'ailleurs, il y était tout préparé par une secrète disposition de son cœur, ainsi qu'on peut en juger par les paroles suivantes : — « Je ne demande pas mieux que de croire, je conçois que ce doit être un grand et vrai bonheur. — Entendre la messe nous reposerait l'âme. J'ai trouvé un charme infini à me rappeler la piété de mon enfance. — C'est une bien belle idée que celle de la rémission des péchés ! Qui peut dire : je ne croirai pas ? »

De plus, ce qui devait encore le disposer à s'acquitter des devoirs de la religion, c'est le malheur qui l'avait jeté, par un coup terrible et soudain, sur le rocher de Sainte-Hélène, et qui lui faisait dire : « On est moins malheureux quand on croit ; on trouve dès lors toujours en soi la force de supporter le malheur. »

Enfin, il n'y avait pas jusqu'à ces grands repos que six années d'exil lui avaient procurés forcément, et qui lui faisaient reporter la pensée sur les merveilles de la création et sur nos livres saints, qui n'aient dû aussi le préparer de loin et ensuite de près à accomplir ses devoirs. Écoutons ceux qui en ont été les témoins.

« Lorsqu'il approchait du terme fatal, l'Empereur nous dit (ce sont les paroles du général Bertrand), qu'il avait relevé les autels en France, rétabli la religion (expression qui lui était familière pendant qu'il était sur le trône), que dans ses palais, comme à Sainte-Hélène, il avait entendu la messe le dimanche; que ses derniers jours devaient être conformes au reste de sa vie, que l'abbé Vignali devait dire la messe dans le lieu accoutumé, et réciter les prières des 40 heures; qu'il faudrait, quand il le dirait, faire entrer l'abbé, et le laisser seul avec lui. »

A propos de la messe, qui est le vrai culte des chrétiens, le général Montholon nous apprend qu'à partir du 21 septembre 1819, époque de l'arrivée de deux chapelains (le plus âgé quitta l'île, pour raison de santé, le 17 mars 1821), elle avait été célébrée régulièrement à Longwood tous les dimanches et fêtes, et que c'était déplaire à l'empereur que de ne pas y assister.

Il est à croire que c'est le 20 avril 1821, au plus tard, que Napoléon a imploré la miséricorde de Dieu, à la faveur de la confession sacramentale. Ces paroles de Montholon le donnent clairement à entendre : « Cette nuit, vers une heure, l'Empereur m'a exprimé le désir de causer avec l'abbé Vignali, et m'a ordonné de le faire appeler, ajoutant : « Vous nous laisserez, mais vous reviendrez dès qu'il sera sorti de ma chambre. Arrangez-vous de manière à ce que l'on ne sache pas que je l'ai vu cette nuit. » J'obéis : l'abbé Vignali resta une heure près de l'Empereur. Quand je rentrai, l'Empereur était très-calme; sa voix ne témoignait d'aucune émotion; il a causé quelques instants religion, m'a demandé sa potion, et s'est endormi. »

Ce qui est du moins de la dernière évidence, c'est que le lendemain, à une heure et demie, Napoléon a eu recours aux saintes pratiques de la piété chrétienne. « Savez-vous, abbé, dit-il à Vignali (c'est le docteur

Antommarchi qui rapporte ces paroles), ce que c'est qu'une chambre ardente? — Oui, Sire. — En avez-vous desservi? — Aucune. — Eh bien, vous desservirez la mienne. » Il entre à cet égard dans les plus grands détails et donne au prêtre de longues instructions; sa figure était animée, convulsive; je suivais avec inquiétude les contractions qu'elle éprouvait, lorsqu'il surprit sur la mienne je ne sais quel mouvement qui lui déplut. Vous êtes au-dessus de ces faiblesses; mais que voulez-vous? Je ne suis ni philosophe, ni médecin. Je crois à Dieu; je suis de la religion de mon père; n'est pas athée qui veut. »

Nous interrompons le récit pour faire remarquer que c'est surtout dans ces détails, dans ces particularités, que se décèle la vérité de l'action morale et religieuse de Napoléon.

Puis, revenant au prêtre : « Je suis né dans la religion catholique, je veux remplir les devoirs qu'elle impose et recevoir les secours qu'elle administre. Vous direz tous les jours la messe dans la chapelle voisine, et vous exposerez le Saint-Sacrement pendant les quarante heures. Quand je serai mort, vous placerez votre autel à ma tête, dans la chambre ardente; vous continuerez à célébrer la messe, vous ferez toutes les cérémonies d'usage, vous ne cesserez que lorsque je serai en terre. »

M. le comte Marchand, ancien valet de chambre de l'Empereur, confirme ce récit dans la préface du *Précis des guerres de Jules César,* publié en 1836. Il n'y a que la sortie contre les philosophes et les médecins, si excusable pourtant, lorsqu'on songe à la disposition d'esprit de Napoléon à l'égard de son médecin et des idéologues, qu'il paraît infirmer en disant que « les paroles mises dans la bouche de l'Empereur se placent mal dans sa mémoire. »

Ce qui ne saurait non plus être douteux, c'est que, le 3 mai, Napoléon a adoré Jésus-Christ présent dans le viatique, et qu'il l'a reçu sous ce signe sacré. « L'abbé Vignali reste seul, dit le docteur Antommarchi, et nous rejoint quelques instants après dans la pièce voisine, où il nous annonce qu'il a administré le viatique à l'Empereur. »

Dès avant la réception de ce divin mystère, il avait dicté au comte Montholon, malgré son extrême faiblesse et les peines du corps qui l'ont suivi jusqu'à sa mort, la lettre qui devait l'annoncer à sir Hudson-Lowe (1), et avait prié le général Bertrand de se réconcilier avec ce dernier (2).

Le 5, il rendait à Dieu, pour employer l'expression de Chateaubriand, le plus puissant souffle de vie qui jamais anima l'argile humaine.

Il est donc avéré que Napoléon était chrétien, et qu'il est mort dans le sein de la religion catholique, apostolique et romaine, ainsi que l'indique, du reste, son testament qu'il avait écrit de sa main le 15 avril précédent.

Un tel exemple, donné par ce premier homme des temps modernes, par cet homme de tous les siècles, comme le désigne l'écrivain précité dans ses *Mémoires d'Outre-tombe*, est digne d'être imité : il le sera sans doute jusqu'à la fin du monde.

NOTES

(1) Monsieur le Gouverneur,

« L'Empereur Napoléon est mort le....., à la suite d'une longue et pénible maladie. J'ai l'honneur de vous en faire part.

« Il m'a autorisé à vous communiquer, si vous le désirez, ses dernières volontés. Je vous prie de me faire savoir quelles sont les dispositions prescrites par votre Gouvernement pour le transport de son corps en Europe, ainsi que celles relatives aux personnes de sa suite.

« J'ai l'honneur d'être,

« Comte MONTHOLON. »

(2) Il est beaucoup plus satisfaisant pour nous de mentionner que Napoléon, à son lit de mort, pria Bertrand d'employer tous les moyens en son pouvoir et compatibles avec l'honneur pour se reconcilier avec sir Hudson-Lowe. « Il espérait, disait-il, que cela serait facile, vu qu'il avait été seul la cause des différends survenus entre eux. Ce fut, dans tous les cas, ce que Mme Bertrand raconta à l'amiral Lambert, et elle ajoute que son mari désirait remplir ce vœu de Napoléon mourant. Dès que le gouverneur en fut informé, il résolut de ne plus songer au passé, et accepta de grand cœur la réconciliation offerte. Les deux comtes français vinrent tous les deux à Plantation-House, le 12, et le gouverneur leur fit la réception la plus courtoise. » (Sir

Hudson-Lowe, *Histoire de la captivité de Napoléon*, tome III, chap. xxx.)

Note du traducteur. Napoléon « mourant dans le sein de l'Église catholique, apostolique et romaine dans laquelle il était né », comme il se plaît à le proclamer dans le premier paragraphe de son testament, Napoléon « mourant l'image du Christ collée sur sa bouche », comme dit M. de Lamartine, pardonne même à celui qu'il regarde comme l'instrument de son long martyre : que devient l'accusation de scepticisme ?

TABLE DES MATIÈRES

Pages

Aux Lecteurs.... 3

Objections et Réponses d'après l'enseignement catholique.... 7

Sentiments religieux et vraiment chrétiens.... 13

Culte et Pratiques.... 17

Notes.... 23

2466 IMP. RENOU ET MAULDE, RUE DE RIVOLI, 144.

CITATIONS

Relatives à la lecture des Livres saints, par Napoléon Ier.

« L'Empereur ne sort pas, passe sa matinée à lire la Bible, et le soir cause religion; il regrette de n'avoir pas été à Jérusalem pendant sa campagne de Syrie : « La Genèse est la peinture la plus fidèle « des lieux qu'elle décrit; en la lisant, on s'y re- « connaît partout, c'était pour moi un charme « inexprimable. Les Juifs errent sur la terre; ils « sont plus de deux millions, c'est un miracle « constant. » (*Récits de la captivité.*)

« Quelle croix ! », s'écria-t-il au milieu d'une partie d'échecs, « après avoir commandé à quatre- « vingt millions d'hommes. » Et il se leva pour rentrer dans sa chambre, où il finit seul sa journée en lisant la Genèse. » (*Idem.*)

« Il ne faut pas mettre la Bible dans les mains du peuple. Et c'est vrai. Il faut un certain degré d'éducation pour la lire sans dangers et y puiser de bons principes. » (*Idem.*)

« La Bible, c'est assurément bien édifiant, a remarqué l'Empereur : on ne le devinerait point en Europe. » (*Mémorial de Sainte-Hélène.*)

« L'Empereur a terminé cette conversation en envoyant mon fils chercher l'Évangile, et le prenant au commencement, il ne s'est arrêté qu'après le discours de Jésus sur la montagne. Il se disait ravi, extasié de la pureté, du sublime et de la beauté d'une telle morale, et nous l'étions de même. » (*Idem.*)

A LA MÊME LIBRAIRIE

Les Principes de la Société au XIXe siècle, par l'abbé C. de Piétri, aumônier du Sénat. 1 fort vol. in-12, 260 pages .... 2 fr. »

Histoire de Napoléon Ier, 1 vol. in-12, par M. Mullois, Chapelain de l'Empereur .... 1 fr. »

Histoire de Napoléon III, par le même 1 fr. 50

Histoire de la Guerre d'Orient, par le même .... 1 fr. 50

Histoire de la Guerre d'Italie, par le même. 1 vol. in-8° .... 1 fr. 50

Le Génie du Christianisme, par Chateaubriand. 1 vol. in-12 .... 1 fr. 50

2466 RENOU ET MAULDE, RUE DE RIVOLI, 144.

www.ingramcontent.com/pod-product-compliance
Ingram Content Group UK Ltd.
Pitfield, Milton Keynes, MK11 3LW, UK
UKHW012308240726
13966UKWH00004B/1732

9 782011 769695